Pierre KROPOTKINE

L'ESPRIT DE RÉVOLTE

Prix : 0,10

Aux Bureaux des « TEMPS NOUVEAUX », rue Broca, 4, Paris

Groupe de Propagande par la Brochure

La propagande par la Brochure est une des meilleures propagandes, si on peut faire avec suite.

Le Révolté, La Révolte, Les Temps Nouveaux s'y sont employés de leur mieux. A l'heure actuelle, plus de 80 brochures diverses, dont les différents tirages réunis dépassent un million d'exemplaires, ont été lancées par eux.

Malheureusement, les fonds manquent pour pouvoir en imprimer plus souvent de nouvelles, ou réimprimer, lorsque c'est nécessaire, celles qui sont épuisées.

Il s'agit donc de trouver **500** souscripteurs s'engageant à verser chacun 12 fr. par an. Nous serions alors en mesure d'imprimer chaque mois — ou de réimprimer parmi celles épuisées — une nouvelle brochure de **0** fr. **10** ou deux de **0** fr. **05**.

Par contre, voici les avantages que nous offrons aux souscripteurs :

1° A chaque tirage, il leur sera expédié autant d'exemplaires que le comportera le montant de leur souscription calculé avec une remise de 40 0/0, frais d'envoi déduits

Ce qui leur permettra de s'employer à la propagande, en faisant circuler les brochures parmi ceux qu'ils connaissent, soit en les distribuant eux-mêmes, soit par la poste lorsqu'ils ne voudront pas faire savoir qu'ils s'intéressent à la propagande;

2° A chaque souscripteur qui sera libéré de sa souscription, il sera envoyé une lithographie spécialement tirée pour les souscripteurs.

Cette lithographie qui sera demandée à l'un des artistes qui ont déjà donné au journal, ne sera pas mise en vente et vaudra à elle seule, largement, le prix de souscription ;

3° A ceux qui souscriront **15** francs par an, il sera expédié un nombre de brochures dont le montant égalera celui de la souscription, calculé, toujours avec une remise de 40 0/0, plus une eau-forte qui, elle aussi, sera tirée spécialement pour eux et non mise dans le commerce.

Ceux qui savent le prix d'une eau-forte artistique apprécieront le cadeau que nous leur offrons ;

4° A ceux qui souscriront au-dessus de **15** francs, il sera fait cadeau de la lithographie et de l'eau-forte.

Au camarade qui nous trouvera **10** souscripteurs, il sera fait cadeau de la lithographie. — Celui qui en trouvera **20**, recevra l'eau-forte.

Les souscriptions peuvent être versées par fractions mensuelles ou trimestrielles, etc., au gré des souscripteurs.

A ceux qui s'engageront mensuellement et qui ne se libéreraient pas de leur promesse, il sera, à la fin du trimestre, adressé un remboursement pour les 3 mois.

**Adresser les souscriptions au camarade Ch. BENOIT,
3, rue Bérite, PARIS.**

N.-B. — En discutant avec des camarades, il est facile de leur glisser une brochure, et de leur arracher deux sous. Les souscripteurs pourront ainsi récupérer le montant de leur souscription, et augmenter leur propagande.

Brochures à l'étude : *Origines et morale du Christianisme*, de Letourneau. — *La République des financiers*, de Delaisi — *L'Anarchie dans l'évolution sociale* de Kropotkine. — *La Morale anarchiste*, de Kropotkine, etc., etc.

L'ESPRIT DE RÉVOLTE

Publications des *TEMPS NOUVEAUX*. — N° 42

Pierre KROPOTKINE

L'ESPRIT DE RÉVOLTE

2ᵉ ÉDITION : 18ᵉ MILLE

PRIX : 10 CENTIMES

PARIS

BUREAUX DES "TEMPS NOUVEAUX"

4, RUE BROCA

1914

L'Esprit de Révolte

I

Dans la vie des sociétés, il est des époques où la Révolution devient une impérieuse nécessité, où elle s'impose d'une manière absolue. Des idées nouvelles germent de partout, elles cherchent à se faire jour, à trouver une application dans la vie, mais elles se heurtent continuellement à la force d'inertie de ceux qui ont intérêt à maintenir l'ancien régime, elles étouffent dans l'atmosphère suffocante des anciens préjugés et des traditions. Les idées reçues sur la constitution des Etats, sur les lois de l'équilibre social, sur les relations politiques et économiques des citoyens entre eux, ne tiennent plus devant la critique sévère qui les sape chaque jour, à chaque occasion, dans le salon comme dans le cabaret, dans les ouvrages du philosophe comme dans la conversation quotidienne. Les institutions politiques, économiques et sociales tombent en ruines; édifice devenu inhabitable, il gêne, il empêche le développement des germes qui se produisent dans ses murs lézardés et naissent autour de lui.

Un besoin de vie nouvelle se fait sentir. Le code de moralité établi, celui qui gouverne la plupart des hommes dans leur vie quotidienne ne parait plus suffisant. On s'aperçoit que telle chose, considérée auparavant comme équitable, n'est qu'une criante injustice; la moralité d'hier est reconnue aujourd'hui comme étant d'une immoralité révoltante. Le conflit entre les idées nouvelles et les vieilles traditions éclate dans toutes les classes de la société, dans tous les milieux, jusque dans le sein de la famille. Le fils entre en lutte avec son père : il trouve révoltant ce que son père trouvait tout naturel durant toute sa vie; la fille se révolte contre les principes que sa mère lui transmettait comme le fruit d'une longue expérience. La conscience populaire s'insurge chaque jour contre les scandales qui se produisent au sein de la classe des privilégiés et des oisifs, contre les crimes qui se commettent au nom du droit du plus fort, ou pour maintenir les privilèges. Ceux qui veulent le triomphe de la justice, ceux qui veulent mettre en pratique les idées nouvelles, sont bien forcés de reconnaître que la réalisation de leurs idées généreuses, humanitaires, régénératrices, ne peut avoir lieu dans la société, telle qu'elle est constituée : ils comprennent la nécessité d'une tourmente révolutionnaire qui balaie toute cette moisissure, vivifie de son souffle les cœurs engourdis et apporte à l'humanité le dévouement, l'abnégation, l'héroïsme, sans lesquels une société s'avilit, se dégrade, se décompose.

Aux époques de course effrénée vers l'enrichissement, de spéculations fiévreuses et de crises, de ruine subite de grandes industries et d'épanouissement éphémère d'autres branches de production, de fortunes scandaleuses amassées en quelques années et dissipées de même, — on comprend que les institutions économiques, présidant à la production et à l'échange, sont loin de donner à la société le bien-être qu'elles sont censées lui garantir; on s'aperçoit qu'elles amènent précisément un résultat contraire. Au lieu de l'ordre, elles engendrent le chaos, au lieu du bien-être — la misère, l'insécurité du lendemain; au lieu de l'harmonie des intérêts — la guerre, une guerre perpétuelle de l'exploiteur contre les producteurs et de ceux-ci entre eux. On voit la société se scinder de plus en plus en deux camps hostiles et se subdiviser en même temps en milliers de petits groupes se faisant une guerre acharnée. Lasse de ces guerres, lasse des misères qu'elles engendrent, la société se lance à la recherche d'une nouvelle organisation : elle demande à grands cris un remaniement complet du régime de la propriété, de la production, de l'échange et de toutes les relations économiques qui en découlent.

La machine gouvernementale, chargée de maintenir l'ordre existant, fonctionne encore. Mais, à chaque tour de ses rouages détraqués, elle se butte et s'arrête. Son fonctionnement devient de plus en plus difficile, et le mécontentement excité par ses défauts, va toujours croissant. Chaque jour fait surgir de nouvelles exigences. — « Réformez ceci, réformez cela! » crie-t-on de tous côtés. — « Guerre, finance, impôts, tribunaux, police, tout est à remanier, à réorganiser, à établir sur de nouvelles bases, » disent les réformateurs. Et cependant, tous comprennent qu'il est impossible de refaire, de remanier quoi que ce soit, puisque tout se tient; tout serait à refaire à la fois; et comment refaire, lorsque la société est divisée en deux camps ouvertement hostiles? Satisfaire des mécontents, serait en créer de nouveaux.

Incapables de se lancer dans la voie des réformes, puisque ce serait s'engager dans la Révolution; en même temps, trop impuissants pour se jeter avec franchise dans la réaction, les gouvernements s'appliquent aux demi-mesures, qui ne peuvent satisfaire personne et ne font que susciter de nouveaux mécontentements. Les médiocrités qui se chargent à ces époques transitoires de mener la barque gouvernementale, ne songent plus d'ailleurs qu'à une seule chose : s'enrichir, en prévision de la débâcle prochaine. Attaqués de tous côtés, ils se défendent maladroitement, ils louvoient, ils font sottise sur sottise, et ils réussissent bientôt à trancher la dernière corde de salut; ils noient le prestige gouvernemental dans le ridicule de leur incapacité.

A ces époques, la Révolution s'impose. Elle devient une nécessité sociale; la situation est une situation révolutionnaire.

.*.

Lorsque nous étudions chez nos meilleurs historiens la genèse et le développement des grandes secousses révolutionnaires, nous trouvons ordinairement sous ce titre : « Les Causes de la Révolution », un tableau saisissant de la situation à la veille des évènements. La misère du peuple, l'insécurité générale, les mesures vexatoires du gouvernement, les scandales odieux qui étalent les grands vices de la société, les idées nouvelles cherchant à se faire jour et se heurtant contre l'incapacité des suppôts de l'ancien régime, — rien n'y manque. En contemplant ce tableau, on arrive à la conviction que la Révolution était inévitable en effet, qu'il n'y avait pas d'autre issue que la voie des faits insurrectionnels.

Prenons pour exemple la situation avant 1789, telle que nous la montrent les historiens. Vous croyez entendre le paysan se plaindre de la gabelle, de la dîme, des redevances féodales, et vouer dans son cœur une haine implacable au seigneur, au moine, à l'accapareur, à l'intendant. Il vous semble voir les bourgeois se plaindre d'avoir perdu leurs libertés municipales et accabler le roi sous le poids de leurs malédictions. Vous entendez le peuple blâmer la reine, se révolter au récit de ce que font les ministres, et se dire à chaque instant que les impôts sont intolérables et les redevances exorbitantes, que les récoltes sont mauvaises et l'hiver trop rigoureux, que les vivres sont trop chers et les accapareurs trop voraces, que les avocats de village dévorent la moisson du paysan, et que le garde champêtre veut jouer au roitelet, que la poste même est mal organisée et les employés trop paresseux.... Bref, rien ne marche, tous se plaignent. « Cela ne peut plus durer, ça finira mal! » se dit-on de tous les côtés.

Mais, de ces raisonnements paisibles à l'insurrection, à la révolte, il y a tout un abîme, — celui qui sépare, chez la plus grande partie de l'humanité, le *raisonnement* de l'*acte*, la *pensée* de la *volonté*, du besoin *d'agir*. Comment donc cet abîme a-t-il été franchi? Comment ces hommes qui, hier encore, se plaignaient tout tranquillement de leur sort, en fumant leurs pipes, et qui, un moment après, saluaient humblement ce même garde champêtre et ce gendarme dont ils venaient de dire du mal, — comment, quelques jours plus tard, ces mêmes hommes ont-ils pu saisir leurs faulx et leurs bâtons ferrés et sont-ils allés attaquer dans son château le seigneur, hier encore si terrible? Par quel enchantement, ces hommes que leurs femmes traitaient avec raison de lâches se sont-ils transformés aujourd'hui en héros, qui marchent sous les balles et sous la mitraille à la conquête de leurs droits? Comment ces *paroles*, tant de fois prononcées jadis et qui se perdaient dans l'air comme le vain son des cloches, se sont-elles enfin transformées en *actes*?

.·.

La réponse est facile.

— C'est l'*action*, l'action continue, renouvelée sans cesse, des minorités, qui opère cette transformation. Le courage, le dévouement, l'esprit de sacrifice, sont aussi contagieux que la poltronnerie, la soumission et la panique.

Quelles formes prendra l'agitation?

— Mais toutes les formes, les plus variées, qui lui seront dictées par les circonstances, les moyens, les tempéraments. Tantôt lugubre, tantôt railleuse, mais toujours audacieuse, tantôt collective, tantôt purement individuelle, elle ne néglige aucun des moyens qu'elle a sous la main, aucune circonstance de la vie publique, pour tenir toujours l'esprit en éveil, pour propager et formuler le mécontentement, pour exciter la haine contre les exploiteurs, ridiculiser les gouvernants, démontrer leur faiblesse, et surtout et toujours, réveiller l'audace, l'esprit de révolte, en prêchant d'exemple.

II

Lorsqu'une situation révolutionnaire se produit dans un pays, sans que l'esprit de révolte soit encore assez éveillé dans les masses pour se traduire par des manifestations tumultueuses dans la rue, ou par des émeutes et des soulèvements, — c'est par l'*action* que les minorités parviennent à réveiller ce sentiment d'indépendance et ce souffle d'audace, sans lesquels aucune révolution ne saurait s'accomplir.

Hommes de cœur qui ne se contentent pas de paroles, mais qui cherchent à les mettre à exécution, caractères intègres, pour qui l'acte fait un avec l'idée, pour qui la prison, l'exil et la mort sont préférables à une vie restant en désaccord avec leurs principes; hommes intrépides qui savent qu'il faut *oser* pour réussir, — ce sont les sentinelles perdues qui engagent le combat, bien avant que les masses soient assez excitées pour lever ouvertement le drapeau de l'insurrection et marcher, les armes à la main, à la conquête de leurs droits.

Au milieu des plaintes, des causeries, des discussions théoriques, un acte de révolte, individuel ou collectif, se produit, résumant les aspirations dominantes. Il se peut qu'au premier abord la masse reste indifférente. Tout en admirant le courage de l'individu ou du groupe initiateur, il se peut qu'elle suive d'abord les sages, les prudents, qui s'empressent de taxer cet acte de « folie » et de dire que « les fous, les têtes brûlées vont tout compromettre ». Ils avaient si bien calculé, ces sages et ces prudents, que leur parti, en poursuivant lentement son œuvre, parviendrait dans cent ans, dans deux cents, trois cents ans peut-être, à conquérir le monde entier, — et voilà que l'imprévu s'en mêle : l'imprévu, bien entendu, c'est ce qui n'a pas été prévu par eux, les sages et les prudents. Quiconque connaît un bout d'histoire et possède un cerveau tant soit peu ordonné, sait parfaitement d'avance qu'une propagande théorique de la Révolution se traduira nécessairement par des actes, bien avant que les théoriciens aient décidé que le moment d'agir est venu; néanmoins, les sages théoriciens se fâchent contre les fous, les excommunient, les vouent à l'anathème. Mais les fous trouvent des sympathies, la masse du peuple applaudit en secret à leur audace et ils trouvent des imitateurs. A mesure que les premiers d'entre eux vont peupler les geôles et les bagnes, d'autres viennent continuer leur œuvre ; les actes de protestation illégale, de révolte, de vengeance se multiplient.

L'indifférence est désormais impossible. Ceux qui, au début, ne se demandaient même pas ce que veulent les « fous » sont forcés de s'en occuper, de discuter leurs idées, de prendre parti pour ou contre. Par les faits qui s'imposent à l'attention générale, l'idée nouvelle s'infiltre dans les cerveaux et conquiert des prosélytes. Tel acte fait en quelques jours plus de propagande que des milliers de brochures.

.*.

Surtout, il réveille l'esprit de révolte, il fait germer l'audace. — L'ancien régime, armé de policiers, de magistrats, de gendarmes et de soldats, semblait inébranlable, comme ce vieux fort de la Bastille qui, lui aussi, paraissait imprenable aux yeux du peuple désarmé, accouru sous ses hautes murailles, garnies de canons prêts à faire feu. Mais on s'aperçoit bientôt que le régime établi n'a pas la force qu'on lui supposait. Tel acte audacieux a suffi pour bouleverser pendant quelques jours la machine gouvernementale, pour ébranler le colosse ; telle émeute a mis sens dessus-dessous toute une province, et la troupe, toujours si imposante, a reculé devant une poignée de payans, armés de pierres et de bâtons ; le peuple s'aperçoit que le monstre n'est pas aussi terrible qu'on le croyait, il commence à entrevoir qu'il suffira de quelques efforts énergiques pour le terrasser. L'espoir naît dans les cœnrs, et souvenons-nous que si l'exaspération pousse souvent aux émeutes, c'est toujours l'espoir de vaincre qui fait les révolutions.

Le gouvernement résiste : il sévit avec fureur. Mais, si jadis la répression tuait l'énergie des opprimés, maintenant, aux époques d'effervescence, elle produit l'effet contraire. Elle provoque de nouveaux faits de révolte, individuelle et collective ; elle pousse les révoltés à l'héroïsme, et de proche en proche ces actes gagnent de nouvelles couches, se généralisent, se développent. Le parti révolutionnaire se renforce d'éléments qui jusqu'alors lui étaient hostiles, ou qui croupissaient dans l'indifférence. La désagrégation gagne le gouvernement, les classes dirigeantes, les privilégiés : les uns poussent à la résistance à outrance, les autres se prononcent pour les concessions, d'autres encore vont jusqu'à se déclarer prêts à renoncer pour le moment à leurs privilèges, afin d'apaiser l'esprit de révolte, quitte à le maîtriser plus tard. La cohésion du gouvernement et des privilégiés est rompue.

Les classes dirigeantes peuvent essayer encore de recourir à une réaction furieuse. Mais ce n'est plus le moment; la lutte n'en devient que plus aiguë, et la Révolution qui s'annonce n'en sera que plus sanglante. D'autre part, la moindre des concessions de la part des classes dirigeantes, puisqu'elle arrive déjà trop tard, puisqu'elle est arrachée par la lutte, ne fait que réveiller davantage l'esprit révolutionnaire. Le peuple qui, auparavant, se serait contenté de cette concession, s'aperçoit que l'ennemi fléchit; il prévoit la victoire, il sent croître son audace, et ces mêmes hommes qui jadis, écrasés par la misère, se contentaient de soupirer en cachette, relèvent maintenant la tête et marchent fièrement à la conquête d'un meilleur avenir.

Enfin, la Révolution éclate, d'autant plus violente que la lutte précédente a été plus acharnée.

.⁎.

La direction que prendra la Révolution dépend certainement de toute la somme des circonstances variées qui ont déterminé l'arrivée du cataclysme. Mais elle peut être prévue à l'avance, d'après la force d'action révolutionnaire déployée dans la période préparatoire par les divers partis avancés.

Tel parti aura mieux élaboré les théories qu'il préconise et le programme qu'il cherche à réaliser, il l'aura beaucoup propagé par la parole et par la plume. Mais il n'a pas suffisamment affirmé ses aspirations au grand jour, dans la rue, par des actes qui soient *la réalisation de la pensée qui lui est propre;* il a eu la puissance théorique, mais il n'a pas eu la puissance d'action; ou bien il n'a pas agi contre ceux qui sont ses principaux ennemis, il n'a pas frappé les institutions qu'il vise à démolir; il n'a pas contribué à réveiller l'esprit de révolte, ou il a négligé de le diriger contre ce qu'il cherchera surtout à frapper lors de la Révolution. Eh bien, ce parti est moins connu; ses affirmations n'ayant pas été affirmées continuellement, chaque jour, par des actes dont le retentissement atteint les cabanes les plus isolées, ne se sont pas suffisamment infiltrées dans la masse du peuple; elles n'ont pas passé par le creuset de la foule et de la rue et n'ont pas trouvé leur énoncé simple, qui se résume en un seul mot, devenu populaire. Les écrivains les plus zélés du parti sont connus par leurs lecteurs pour des penseurs de mérite, mais ils n'ont ni la réputation, ni les capacités de l'homme d'action ; et le jour où la foule descendra dans la rue, elle suivra plutôt les conseils de ceux qui ont, peut-être, des idées théoriques moins nettes et des aspirations moins larges, mais qu'elle connaît mieux, parce qu'elle les a vus agir.

Le parti qui a le plus fait d'agitation révolutionnaire, qui a le plus manifesté de vie et d'audace, ce parti sera plus écouté le jour où il faudra agir, où il faudra marcher de l'avant pour accomplir la Révolution. Celui qui n'a pas eu l'audace de s'affirmer par des actes révolutionnaires dans la période préparatoire, celui qui n'a pas eu une force d'impulsion assez puissante pour inspirer aux individus et aux groupes le sentiment d'abnégation, le désir irrésistible de mettre leurs idées en pratique (si ce désir avait existé, il se serait traduit par des actes, bien avant que la foule tout entière soit descendue dans la rue), celui qui n'a pas su rendre son drapeau populaire et palpables ses aspirations et compréhensibles, — ce parti n'aura qu'une maigre chance de réaliser la moindre part de son programme. Il sera débordé par les partis d'action.

Voilà ce que nous enseigne l'histoire des périodes qui précédèrent les grandes révolutions. La bourgeoisie révolutionnaire l'a parfaitement compris : elle ne négligeait aucun moyen d'agitation pour réveiller l'esprit de révolte, lorsqu'elle cherchait à démolir le régime monarchique ; le paysan français du siècle passé le comprenait aussi instinctivement lorsqu'il s'agitait pour l'abolition des droits féodaux, et l'Internationale, — du moins une partie de l'Association, — agissait d'accord avec ces mêmes principes, lorsqu'elle cherchait à réveiller l'esprit de révolte au sein des travailleurs des villes, et à le diriger contre l'ennemi naturel du salarié, — l'accapareur des instruments de travail et des matières premières.

III

Une étude serait à faire, — intéressante au plus haut degré, attrayante, et surtout instructive, — une étude sur les divers moyens d'agitation auxquels les révolutionnaires ont eu recours à diverses époques, pour accélérer l'éclosion de la révolution, pour donner aux masses la conscience des évènements qui se préparaient, pour mieux désigner au peuple ses principaux ennemis, pour réveiller l'audace et l'esprit de révolte. Nous savons tous très bien *pourquoi* telle révolution est devenue nécessaire, mais ce n'est que par instinct et par tâtonnements que nous parvenons à deviner *comment* les révolutions ont germé.

L'état-major prussien a publié dernièrement un ouvrage à l'usage de l'armée, sur l'art de vaincre les insurrections populaires, et il enseigne, dans cet ouvrage, comment l'armée doit agir pour éparpiller les forces du peuple. Aujourd'hui, on veut porter des coups sûrs, égorger le peuple selon toutes les règles de l'art. Eh bien, l'étude dont nous parlons serait une réponse à cette publication et à tant d'autres qui traitent le même sujet, quelquefois avec moins de cynisme. Elle montrerait comment se désorganise un gouvernement, comment se relève le moral d'un peuple, affaissé, déprimé par la misère et l'oppression qu'il a subies.

Jusqu'à présent, pareille étude n'a pas été faite. Les historiens nous ont bien raconté les grandes étapes, par lesquelles l'humanité a marché vers son affranchissement, mais ils ont peu prêté d'attention aux périodes qui *précédèrent* les révolutions. Absorbés par les grands drames qu'ils essayèrent d'esquisser, ils ont glissé d'une main rapide sur le prologue, mais c'est ce prologue qui nous intéresse surtout.

*
* *

Et cependant, quel tableau plus saisissant, plus sublime et plus beau que celui des efforts qui furent faits par les précurseurs des révolutions!! Quelle série incessante d'efforts de la part des paysans et des hommes d'action de la bourgeoisie avant 1789; quelle lutte persévérante de la part des républicains, depuis la restauration des Bourbons en 1815, jusqu'à leur chute en 1830; quelle activité de la part des sociétés secrètes pendant le règne du gros bourgeois Louis-Philippe! Quel tableau poignant que celui des conspirations faites par les Italiens pour secouer le joug de l'Autriche, de leurs tentatives héroïques, des souffrances inénarrables de leurs martyrs! Quelle tragédie, lugubre et grandiose, que celle qui raconterait toutes les péripéties du travail secret entrepris par la jeunesse russe contre le gouvernement et le régime foncier et capitaliste, depuis 1860 jusqu'à nos jours!

Que de nobles figures surgiraient devant le socialiste moderne à la lecture de ces drames; que de dévouement et d'abnégation sublimes et, en même temps, quelle instruction révolutionnaire, non plus théorique, mais pratique, toute d'exemples à suivre.

Ce n'est pas ici à entreprendre une pareille étude. La brochure ne se prête pas à un travail d'histoire. Nous devons donc nous borner à choisir quelques exemples, afin de montrer comment s'y prenaient nos pères pour faire de l'agitation révolutionnaire, et quel genre de conclusions peuvent être tirées des études en question.

Nous jetterons un coup d'œil sur une de ces périodes, sur celle qui précéda 1789 et, laissant de côté l'analyse des circonstances qui ont créé vers la fin du siècle passé une *situation révolutionnaire,* nous nous bornerons à relever quelques *procédés* d'agitation, employés par nos pères.

.•.

Deux grands faits se dégagent comme résultat de la Révolution de 1789-1793. D'une part, l'abolition de l'autocratie royale et l'avènement de la bourgeoisie au pouvoir; d'autre part, l'abolition définitive du servage et des redevances féodales dans les campagnes. Les deux sont intimement liés entre eux, et l'un sans l'autre n'aurait pu réussir. Et ces deux courants se retrouvent déjà dans l'agitation qui précéda la Révolution : l'agitation contre la royauté au sein de la bourgeoisie, l'agitation contre les droits des seigneurs au sein des paysans.

Jetons un coup d'œil sur les deux.

.•.

Le journal, à cette époque, n'avait pas l'importance qu'il a acquise aujourd'hui, c'est la brochure, le pamphlet, le libelle de trois ou quatre pages qui le remplaçaient. En conséquence, le libelle, le pamphlet, la brochure pullulent. La brochure met à la portée de la grande masse les idées des précurseurs, philosophes et économistes, de la Révolution; le pamphlet et le libelle font l'agitation, en attaquant directement les ennemis. Ils ne font pas de théories : c'est par l'odieux et le ridicule qu'ils procèdent.

Des milliers de libelles racontent les vices de la cour, la dépouillent de ses décors trompeurs, la mettent à nu avec tous ses vices, sa dissipation, sa perversité, sa stupidité. Les amours royales, les scandales de la cour, les dépenses folles, le *Pacte de famine* — cette alliance des puissants avec les accapareurs de blé pour s'enrichir en affamant le peuple, — voilà le sujet de ces libelles. Ils sont toujours sur la brèche et ne négligent aucune circonstance de la vie publique pour frapper l'ennemi. Pourvu qu'on parle de quelque fait, le pamphlet et le libelle sont là pour le traiter sans gêne, à leur manière. Ils se prêtent mieux que le journal à ce genre d'agitation. Le journal est toute une entreprise, et l'on y regarde de près avant de le faire sombrer; sa chute embarrasse souvent tout un parti. Le pamphlet et le libelle ne compromettent que l'auteur et l'imprimeur, et encore, — allez chercher l'un et l'autre!..

Il est évident que les auteurs de ces libelles et pamphlets commencent, avant tout, par s'émanciper de la censure; car à cette époque, si on n'avait pas encore inventé ce joli petit instrument du jésuitisme contemporain, « le procès en diffamation » qui annihile toute liberté de presse, — on avait pour mettre en prison les auteurs et les imprimeurs, « la lettre de cachet », brutale, il est vrai, mais franche en tout cas. C'est pourquoi les auteurs commencent par s'émanciper du censeur et impriment leur libelles, soit à Amsterdam, soit n'importe où, — « *à cent lieues de la Bastille, sous l'arbre de la Liberté* ». Aussi ne se gêneront-ils pas de frapper dur, de vilipender le roi, la reine et ses amants, les grands de la cour, les aristos. Avec la presse clandestine, la police avait beau perquisitionner chez les libraires, arrêter les colporteurs, — les auteurs inconnus échappaient aux poursuites et continuaient leur œuvre.

.*.

La chanson, — celle qui est trop franche pour être imprimée, mais qui fait le tour de la France en se transmettant de mémoire, — a toujours été un des moyens de propagande les plus efficaces. Elle tombait sur les autorités établies, elle bafouait les têtes couronnées, elle semait jusqu'au foyer de la famille le mépris de la royauté, la haine contre le clergé et l'aristocratie, l'espérance de voir bientôt venir le jour de la Révolution.

Mais c'est surtout au placard que les agitateurs avaient recours. Le placard fait plus parler de lui, il fait plus d'agi

tation qu'un pamphlet ou une brochure. Aussi les placards,
imprimés ou écrits à la main, paraissent chaque fois qu'il
se produit un fait qui intéresse la masse du public. Arrachés
aujourd'hui, ils reparaissent demain, faisant enrager les
gouvernants et leurs sbires. — « Nous avons manqué votre
aïeul, nous ne vous manquerons pas! » lit aujourd'hui le
roi sur une feuille collée aux murs de son palais. Demain,
c'est la reine qui pleure de rage en lisant comment on affiche
sur les murs les sales détails de sa vie honteuse. C'est alors
que se préparait déjà cette haine, vouée plus tard par le peuple à la femme qui aurait froidement exterminé Paris pour
rester reine et autocrate. Les courtisans se proposent-ils de
fêter la naissance du dauphin, les placards menacent de mettre le feu aux quatre coins de la ville, et ils sèment ainsi la
panique, ils préparent les esprits à quelque chose d'extra-
ordinaire. Ou bien, ils annoncent qu'au jour des réjouissances,
*« le roi et la reine seront conduits sous bonne escorte en Place
de Grève, puis iront à l'Hôtel-de-Ville confesser leurs crimes et monteront sur un échafaud pour y être brûlés vifs »*.
— Le roi convoque-t-il l'Assemblée des Notables, immédia-
tement les placards annoncent que « la nouvelle troupe de
comédiens, levée par le sieur de Calonne (premier ministre),
commencera ses représentations le 29 de ce mois et donnera
un ballet allégorique intitulé *Le Tonneau des Danaïdes*
Ou bien, devenant de plus en plus méchant, le placard pé-
nètre jusque dans la loge de la reine, en lui annonçant que
les tyrans vont bientôt être exécutés.

Mais c'est surtout contre les accapareurs de blé, contre les
fermiers généraux, les intendants, que l'on fait usage des
placards. Chaque fois qu'il y a effervescence dans le peuple, les placards annoncent la Saint-Barthélemy des intendants et des fermiers généraux. Tel marchand de blé, tel fa-
bricant, tel intendant sont-ils détestés du peuple — les placards les condamnent à mort « au nom du Conseil du peuple »
etc., et plus tard, lorsque l'occasion se présentera de faire
une émeute, c'est contre ces exploiteurs, dont les noms ont été
si souvent prononcés, que se portera la fureur populaire.

Si l'on pouvait seulement réunir tous les innombrables
placards qui furent affichés pendant les dix, quinze années
qui précédèrent la Révolution, on comprendrait quel rôle
immense ce genre d'agitation a joué, pour préparer la se-
cousse révolutionnaire. Jovial et railleur au début, de plus

...en plus menaçant à mesure que l'on approche du dénoue-
ment, il est toujours alerte, toujours prêt à répondre à chaque fait de la politique courante et aux dispositions d'esprit
des masses; il excite la colère, le mépris, il nomme les vrais
ennemis du peuple, il réveille au sein des paysans, des ouvriers et de la bourgeoisie la haine contre leurs exploiteurs,
il annonce l'approche du jour de la libération et de la vengeance.

_

Pendre ou écarteler en effigie, c'était un usage très ré-
pandu au siècle passé. Aussi était-ce un des moyens d'agitation les plus populaires. Chaque fois qu'il y avait effervescence des esprits, il se formait des attroupements qui por-
taient une poupée, représentant l'ennemi du moment, et pen-
daient, brûlaient ou écartelaient cette poupée. — « Enfantil-
lage ! » diront les jeunes vieillards qui se croient si raison-
nables. Eh bien, la pendaison de Réveillon pendant les élec-
tions de 1789, celles de Foulon et de Berthier, qui changè-
rent complètement le caractère de la Révolution qui s'an-
nonçait, — n'ont été que l'exécution réelle de ce qui avait été
préparé de longue date, par l'exécution des poupées de paille.
Voilà quelques exemples sur mille.
Le peuple de Paris n'aimait pas Maupeou, un des ministres bien chers à Louis XVI. Eh bien, on s'attroupe un jour,
des voix crient dans la foule : « Arrêt du Parlement qui con-
damne le sieur Maupeou, chancelier de France, à être brûlé
vif et les cendres jetées au vent! » Après quoi, en effet, la
foule marche vers la statue de Henri IV avec une poupée du
chancelier, revêtue de tous ses insignes, et la poupée est
brûlée aux acclamations de la foule. Un autre jour, on ac-
croche à la lanterne la poupée de l'abbé Terray en costume
ecclésiastique et en gants blancs. A Rouen, on écartèle en
effigie le même Maupeou; et lorsque la gendarmerie empêche un attroupement de se former, on se borne à pendre par
les pieds un simulacre de l'accapareur, du blé s'échappant en
pluie du nez, de la bouche et des oreilles.
Toute une propagande dans cette poupée! et une propagande bien autrement efficace que la propagande abstraite,
qui ne parle qu'au petit nombre des convaincus

_

L'essentiel, c'était que le peuple s'habituât à descendre

dans la rue, à manifester ses opinions sur la place publique, qu'il s'habituât à braver la police, la troupe, la cavalerie. C'est pourquoi les révolutionnaires de l'époque ne négligèrent rien pour attirer la foule dans les rues, pour provoquer les attroupements.

Chaque circonstance de la vie publique à Paris et dans les provinces était utilisée de cette manière. L'opinion publique a-t-elle obtenu du roi le renvoi d'un ministre détesté, ce sont des réjouissances, des illuminations à n'en plus finir. Pour attirer le monde, on brûle des pétards, on lance des fusées « en telle quantité qu'à certains endroits on marchait sur le carton ». Et si l'argent manque pour en acheter, on arrête les passants bien mis et on leur demande, — « poliment, mais avec fermeté » disent les contemporains, — quelques sous « pour divertir le peuple ». Puis, lorsque la masse est bien compacte, des orateurs prennent la parole pour expliquer et commenter les événements, et des clubs s'organisent en plein air, Et, si la cavalerie ou la troupe arrivent pour disperser la foule, elles hésitent à employer la violence contre des hommes et des femmes paisibles, tandis que les fusées qui éclatent devant les chevaux et les fantassins, aux acclamations et aux rires du public, arrêtent la fougue des soldats.

Dans les villes de province, ce sont quelquefois des ramoneurs qui s'en vont dans les rues, en parodiant le lit de justice du roi ; et tous éclatent de rire en voyant l'homme à la face barbouillée qui représente le roi ou sa femme. Des acrobates, des jongleurs réunissent sur la place des milliers de spectateurs, tout en décochant, au milieu de récits drôlatiques, leurs flèches à l'adresse des puissants et des riches. Un attroupement se forme, les propos deviennent de plus en plus menaçants, et alors, gare à l'artistocrate dont la voiture ferait apparition sur le lieu de la scène : il sera certainement malmené par la foule.

*
* *

Que l'esprit travaille seulement dans cette voie, — que d'occasions les hommes intelligents ne trouveront-ils pas pour provoquer des attroupements, composés d'abord de rieurs, puis d'hommes prêts à agir lors d'un moment d'effervescence.

Tout cela étant donné : d'une part, la situation révolutionnaire, le mécontentement général, et d'autre part, les placards, les pamphlets, les chansons, les exécutions en effigie, tout cela enhardissait la population et bientôt les attroupements devinrent de plus en plus menaçants. Aujourd'hui c'est l'archevêque de Paris qui est assailli dans un carrefour; demain, c'est un duc ou un comte qui a failli être jeté à l'eau; un autre jour, la foule s'est amusée à huer sur leur passage les membres du gouvernement, etc.; les faits de révolte varient à l'infini, en attendant le jour où il suffira d'une étincelle pour que l'attroupement se transforme en émeute, et l'émeute en Révolution.

— « C'est la lie du peuple, ce sont les scélérats, les fainéants qui se sont ameutés », — disent aujourd'hui nos historiens prudhommesques. — Eh bien, oui, en effet, ce n'est pas parmi la gent aisée que les révolutionnaires cherchent des alliés. Puisque celle-ci se bornait à récriminer dans les salons, pour se mettre à plat ventre un moment après, — eh bien, c'est dans les caboulots mal famés de la banlieue qu'ils allaient chercher des camarades, armés de gourdins, lorsqu'il s'agissait de huer Monseigneur l'archevêque de Paris, — n'en déplaise aux Prudhommes qui sont trop bien gantés pour se compromettre en de pareilles entreprises.

Si l'action s'était bornée à attaquer les hommes et les institutions du gouvernement, la grande Révolution eût-elle jamais été ce qu'elle fut en réalité, c'est-à-dire un soulèvement général de la masse populaire, paysans et ouvriers, contre les classes privilégiées? La Révolution eût-elle duré quatre ans? eût-elle remué la France jusqu'aux entrailles? eût-elle trouvé ce souffle invincible qui lui a donné la force de résister aux « rois conjurés »?

Certainement non! Que les historiens chantent tant qu'ils voudront les gloires des « messieurs du Tiers », de la Constituante ou de la Convention, — nous savons ce qu'il en est. Nous savons que la Révolution n'eût abouti qu'à une limitation miroscopiquement constitutionnelle du pouvoir royal, sans toucher au régime féodal, si la France paysanne ne se fût soulevée et n'eût maintenu, — quatre années durant, l'anarchie, — l'action révolutionnaire spontanée des groupes et des individus, affranchis de toute tutelle gouvernementale. Nous savons que le paysan serait resté la bête de somme du

seigneur, si la jacquerie n'eût sévi depuis 1788 jusqu'à
1793, — jusqu'à l'époque où la Convention fut forcée de con-
sacrer par une loi, ce que les paysans venaient d'accomplir
en fait : l'abolition sans rachat de toutes les redevances
féodales et la restitution aux Communes des biens qui leur
avaient été jadis volés par les riches sous l'ancien régime.
En attendre des Assemblées, si les va-nu-pieds et les sans-
culottes n'avaient jeté dans la bascule parlementaire le poids
de leurs gourdins et de leurs piques, eût été une duperie.

**

Mais ce n'est ni par l'agitation dirigée contre les ministres, ni par l'affichage dans Paris des placards dirigés contre la reine, que le soulèvement des petits villages pouvait
être préparé. Ce soulèvement fut certainement le résultat de
la situation générale du pays, mais il fut préparé aussi par
l'agitation faite au sein du peuple et *dirigée contre ses ennemis immédiats* : le seigneur, le prêtre-propriétaire, l'accapareur de blé, le gros bourgeois.

Ce genre d'agitation est bien moins connu que le précé-
dent. L'histoire de Paris est faite, celle du village n'a jamais
été commencée sérieusement : et cependant, c'est cette agitation qui a préparé la Jacquerie, *sans laquelle la Révolution
eût été impossible*.

Le pamphlet, le libelle ne pénétraient pas dans le village : le paysan à cette époque ne lisait presque pas. Eh bien,
c'est par l'image imprimée, souvent barbouillée à la main,
simple et compréhensible, que se faisait la propagande. Quelques mots tracés à côté, et tout un roman se forgeait avec
ces estampes secrètes et ces enluminures populaires concer-
nant le roi, la reine, le comte d'Artois, Madame de Lamballe,
le pacte de famine, les seigneurs, « vampires suçant le sang
du peuple»; il courait les villages et préparait les esprits.
Là, c'était un placard fait à la main, affiché sur un arbre, qui
excitait à la révolte, promettant l'approche des temps meilleurs et racontant les émeutes qui avaient éclaté dans d'autres provinces, à l'autre bout de la France.

Sous le nom des « Jacques », il se constituait des groupes secrets dans les villages, soit pour mettre le feu à la
grange du seigneur, soit pour détruire ses récoltes ou son gi-
bier, soit pour l'exécuter ; et, que de fois ne trouvait-on pas
dans le château un cadavre percé d'un couteau, qui portait

cette inscription : *De la part des Jacques!* Un lourd équipage
descendait le long d'une côte ravinée, amenant le seigneur
dans son domaine. Mais deux passants, aidés du postillon,
le garottaient et le roulaient au fond du ravin, et dans sa
poche on trouvait un papier disant : *De la part des Jacques!*
Ou bien, un jour, au croisement de deux routes, on aperce-
vait une potence portant cette inscription : *Si le seigneur
ose percevoir les redevances, il sera pendu à cette potence.
Quiconque osera les payer au seigneur, aura le même sort!*
Et le paysan ne payait plus, à moins d'y être contraint par la
maréchaussée, heureux, au fond, d'avoir trouvé un prétexte
pour ne rien payer. Il sentait qu'il y avait une force occulte
qui le soutenait, il s'habituait à l'idée de ne rien payer, de
se révolter contre le seigneur, et bientôt, en effet, il ne payait
plus et il arrachait au seigneur, par la menace la renoncia-
ciation à toutes les redevances.

Continuellement on voyait dans les villages des placards annonçant que désormais il n'y aura plus de redevances à payer ; qu'il faut brûler les châteaux et les terriers
(cahiers de redevances), que le *Conseil du Peuple* vient
de lancer un arrêt dans ce sens, etc., etc. — « Du pain !
Plus de redevances ni de taxes! » voilà le mot d'ordre que
l'on faisait courir dans les campagnes. Mot d'ordre compréhensible pour tous, allant droit au cœur de la mère, dont
les enfants n'avaient pas mangé depuis trois jours, allant
droit au cerveau du paysan harcelé par la maréchaussée, qui
lui arrachait les arriérés des taxes. — « A bas l'accapareur ! » — et ses magasins étaient forcés, ses convois de blés
arrêtés, et l'émeute se déchaînait en province. — « A bas
l'octroi! » et les barrières étaient brûlées, les commis as-
sommés, et les villes, manquant d'argent, se révoltaient à
leur tour contre le pouvoir central qui leur en demandait.
— « Au feu les registres d'impôts, les livres de comptes, les
archives des municipalités! » et la paperasse brûlait en juil-
let 1789, le pouvoir se désorganisait, les seigneurs émigraient,
et la Révolution étendait toujours davantage son cercle de feu.

Tout ce qui se jouait sur la grande scène de Paris n'était
qu'un reflet de ce qui se passait en province, de la Révolution
qui, pendant quatre ans, gronda dans chaque ville, dans chaque hameau et dans laquelle le peuple s'intéressa bien moins
aux menées de la cour qu'à ses ennemis les plus proches :

aux exploiteurs, aux sangsues de l'endroit.

Résumons. — La Révolution de 1788-1793, qui nous présente sur une grande échelle *la désorganisation de l'État* PAR *la Révolution populaire* (éminemment économique, comme toute Révolution vraiment populaire), — nous sert ainsi d'enseignement précieux.

Bien avant 1789, la France présentait déjà une situation révolutionnaire. Mais l'esprit de révolte n'avait pas encore suffisamment mûri pour que la Révolution éclatât. C'est donc sur le développement de cet esprit d'insubordination, d'audace, de haine contre l'ordre social, que se dirigèrent les efforts des révolutionnaires. Tandis que les révolutionnaires de la bourgeoisie dirigeaient leurs attaques contre le gouvernement, les révolutionnaires populaires, — ceux dont l'histoire ne nous a même pas conservé les noms, — les hommes du peuple préparaient *leur* soulèvement, *leur* Révolution, par des actes de révolte dirigés contre les seigneurs, les agents du fisc et les exploiteurs de tout acabit.

En 1788, lorsque l'approche de la Révolution s'annonça par des émeutes sérieuses de la masse du peuple, la royauté et la bourgeoisie cherchèrent à la maîtriser par quelques concessions; mais, pouvait-on apaiser la vague populaire par les Etats Généraux, par le simulacre de concessions jésuitiques du 4 août, ou par les actes misérables de la Législative? — On apaise ainsi une émeute politique, mais avec si peu de chose on n'a pas raison d'une révolte populaire. Et la vague montait toujours. Mais en s'attaquant à la propriété, en même temps elle *désorganisait l'Etat.* Elle rendait tout gouvernement absolument impossible, et la révolte du peuple, dirigée contre les seigneurs et les riches en général, a fini, comme on le sait, au bout de quatre ans, par balayer la royauté et l'absolutisme.

Cette marche, c'est la marche de toutes les grandes Révolutions. Ce sera aussi le développement et la marche de la prochaine Révolution, si elle doit être, — comme nous en sommes persuadés, — non pas un simple changement de gouvernement, mais une vraie Révolution populaire, un cataclysme qui transformera de fond en comble le régime de la propriété.

Imprimerie LA PRODUCTRICE
(Association ouvrière)
51, Rue Saint-Sauveur, 51
PARIS
Téléphone : 121-78